# BOEKANALYSE

AF142045

# De klokkenluider van de Notre-Dame

• • • • • • • • • • • • • • • •

VICTOR HUGO

# BOEKANALYSE

Geschreven door Célia Ramain
Vertaald door Nikki Claes

# De klokkenluider van de Notre-Dame

· · · · · · · · · · · · · · · · · · · · · · · ·

## VICTOR HUGO

# VICTOR HUGO

## FRANS DICHTER, TONEELSCHRIJVER, ROMANSCHRIJVER EN POLITICUS

- **Geboren in Besançon in 1802**
- **Overleden in Parijs in 1885**
- **Opmerkelijke werken:**
    - *Hernani* (1830), toneelstuk
    - *De gebochelde van de Notre Dame* (1832), roman
    - *Les Misérables* (1862), roman

Victor Hugo, dichter, romanschrijver, toneelschrijver en politicus, was een emblematische schrijver van de Franse Romantiek. Beschouwd als de "leider van de romantici", leidde hij ook een actief politiek leven, waarbij hij zich inzette voor waardevolle zaken zoals de afschaffing van de doodstraf. Tijdens het Tweede Keizerrijk werd hij gedwongen tot ballingschap (1851-1870) op Jersey en vervolgens op Guernsey, waar hij met name *Les Misérables schreef.*

Toen hij in 1885 stierf, organiseerde de Republiek een grote nationale begrafenis, en werd hij door het publiek gevierd als de grootste Franse schrijver.

# DE KLOKKENLUIDER VAN DE NOTRE-DAME

## EEN VERHAAL DAT LEGENDARISCH WERD

- **Genre:** roman
- **Referentie-uitgave:** Hugo, V. (2012) *The Hunchback of Notre-Dame*. Trans. Hapgood, I. F. Londen: e-artnow.
- **Eerste uitgave:** 1831
- **Thema's:** geschiedenis, noodlot, mythe, liefde, verleiding

*De klokkenluider van de Notre-Dame* (1831), dat zich afspeelt in de 15th eeuw, vertelt het verhaal van Esmeralda, een Roma-meisje op wie de aartsdiaken Claude Frollo, kapitein Phoebus en Quasimodo, de gebochelde van de Notre-Dame, verliefd worden. Ook filosofische beschouwingen over de geschiedenis en over de evolutie van de architectuur zijn in de plot verweven.

Ondanks de kritiek van Mérimée en Stendhal op zijn stijl, die als te melodramatisch werd beschouwd, werd *De Bochel van de Notre Dame* onmiddellijk een populair succes en is het tot op de dag van vandaag een van de meesterwerken van Victor Hugo.

# SAMENVATTING

## VOORWOORD VAN DE AUTEUR

Toen hij in de Notre-Dame kathedraal liep, stuitte de auteur op een opschrift ANÁIKH ('lot' in het Grieks) dat de roman inspireerde: "Op dit woord is dit boek gebaseerd".

## BOEK I

Op 6 januari 1482, de dag van het narrenfeest in Parijs, wordt in de grote zaal van het Palais de Justice een toneelstuk opgevoerd van de dichter Pierre Gringoire. De voorstelling wordt al snel door de menigte verlaten ten gunste van een leuker spektakel: een grimassenwedstrijd met als doel de Paus der Dwazen te kiezen. De winnaar is Quasimodo, de klokkenluider van de Notre-Dame, omdat de "grimas zijn gezicht was" (Hoofdstuk V).

## BOEK II

Die nacht, in de straten van Parijs, probeert Claude Frollo, de aartsdiaken van de Notre-Dame, met de hulp van Quasimodo Esmeralda te ontvoeren, een Roma-meisje op wie hij verliefd is. Kapitein Phoebus de Cateaupers houdt hen tegen, redt de jonge vrouw en brengt Quasimodo voor de rechter. Frollo ontsnapt zonder gezien te worden.

Op zoek naar een slaapplaats komt de dichter Gringoire aan bij de Cour des Miracles, de schuilplaats van de dieven van Parijs. Hij zal er worden opgehangen tenzij een vrouw bereid is met hem te trouwen. Esmeralda neemt hem als haar echtgenoot en redt hem zo van de dood.

## BOEK III

Dit boek bestaat uit een beschrijving van de kathedraal Notre-Dame en van Parijs in de 15$^{\text{th}}$ eeuw.

## BOEK IV

Dit boek begint met de oorsprong van Quasimodo. Hij was een vondeling die niemand wilde vanwege zijn misvorming. Claude Frollo adopteerde hem echter uit mededogen. Sindsdien heeft Quasimodo altijd in de kathedraal Notre-Dame gewoond. De klokken hebben hem doof gemaakt, en zijn lelijkheid en isolement hebben hem kwaadaardig gemaakt (Hoofdstuk III).

Claude Frollo had zijn hele jeugd gewijd aan wetenschap en religie. Na de dood van zijn ouders had hij voor zijn broertje Jehan gezorgd en Quasimodo geadopteerd. Door zijn kundige en morsige houding maakt hij mensen bang en heeft hij een slechte reputatie. Zo werd Quasimodo gezien als de "duivel" terwijl Claude Frollo zijn "tovenaar" was (Hoofdstuk III).

## BOEK V

Dit boek is een uitweiding over de verloedering van de architectuur na de opkomst van de boekdrukkunst.

## BOEK VI

Quasimodo wordt gegeseld op een draaiend rad in het midden van de Place de Grève omdat hij geprobeerd heeft Esmeralda te ontvoeren. Tijdens dit lijden smeekt hij om drinken. Esmeralda komt naar hem toe en geeft hem water. Quasimodo is gecharmeerd van de schoonheid van het Roma-meisje.

## BOEK VII

Kapitein Phoebus is verloofd met zijn nicht, Fleur-de-Lys, maar als de vrouwenman die hij is, verveelt zijn nicht hem al, terwijl Esmeralda hem blijft intrigeren. Ondertussen is zij smoorverliefd op hem geworden.

In die tijd ontdekt Frollo, de aartsdiaken, dat hij ook een hevige passie heeft voor Esmeralda. Op een nacht ziet hij Phoebus het Roma-meisje ontmoeten. Hij volgt hem en ziet hoe de twee jonge mensen elkaar de liefde verklaren. Razend van jaloezie steekt Frollo Phoebus neer voordat hij vlucht. Esmeralda valt flauw.

## BOEK VIII

Esmeralda wordt gearresteerd, berecht en na de "ondervraging" (marteling) veroordeeld voor hekserij en poging tot moord. Ze moet voor de kathedraal boete doen voordat ze opgehangen. Ondertussen keert Phoebus, die hersteld is, terug naar Fleur-de-Lys en laat Esmeralda aan haar lot over.

Frollo bezoekt Esmeralda in de gevangenis en maakt avances naar haar, maar zij wijst hem af. Ze gaat nog steeds liever dood. Voor het voorplein van de kerk verschijnt Quasimodo uit het niets en draagt Esmeralda de kathedraal binnen, roepend: "Heiligdom!" (Hoofdstuk VI).

## BOEK IX

Quasimodo is verliefd geworden op Esmeralda. Hij zorgt voor haar en geeft haar alles wat ze nodig heeft. Ze is hem dankbaar, maar kan niet voorkomen dat ze haar blik van zijn gezicht afwendt omdat hij zo lelijk is. Quasimodo is erg bedroefd, vooral omdat hij beseft dat ze nog steeds van Phoebus houdt. Op een nacht breekt Frollo in Esmeralda's schuilplaats in en probeert haar te verkrachten, maar Quasimodo jaagt hem weg. De adoptievader en -zoon zijn voortaan rivalen.

## BOEK X

Gringoire is bevriend geraakt met de boeven en geniet van zijn nieuwe leven. De dieven besluiten de kathedraal Notre-Dame te belegeren om hun vriendin Esmeralda te redden. Voor sommigen is dit slechts een excuus om te stelen. Quasimodo verdedigt zijn kathedraal door vanaf de torens stenen te gooien. Hij doodt Jehan, het broertje van Frollo.

Koning Lodewijk XI, op de hoogte van het oproer, stuurt zijn troepen om de Notre-Dame kathedraal te beschermen.

# BOEK XI

Frollo ontvoert Esmeralda, die hij in een boot meeneemt over de Seine tot aan de Place de Grève. Hij biedt haar een laatste keer zijn afschuwelijke deal aan: ze moet kiezen tussen hem en de galg. Ze geeft nog steeds de voorkeur aan de galg. Frollo draagt haar vervolgens over aan een teruggetrokken oude vrouw, *la Sachette*, in afwachting van de troepen van de koning. Maar de vrouw blijkt Esmeralda's moeder te zijn! De soldaten arriveren, doden de oude vrouw en hangen Esmeralda op.

Frollo spot: Hij ziet de ophanging vanuit de torens van de Notre-Dame. Quasimodo duwt wanhopig zijn meester, die op het voorplein neerstort, en bij het zien van de lichamen van Esmeralda en de aartsdiaken roept hij uit: "O, wat ik ooit heb liefgehad!". (Hoofdstuk II).

Enkele jaren later wordt in de kelder van Montfauçon het skelet van Quasimodo ontdekt dat dat van Esmeralda omarmt. Wanneer ze worden losgemaakt, valt Quasimodo's skelet tot stof.

# KARAKTERSTUDIE

## QUASIMODO

Quasimodo is de klokkenluider van de Notre-Dame kathedraal. Zijn naam is een synoniem voor *grosso modo* in het Latijn, wat "ongeveer" betekent. Inderdaad, door zijn misvorming is Quasimodo slechts 'ongeveer' menselijk.

Hij is verbonden met de Notre-Dame door een symbolische, bijna symbiotische relatie: "Er was zeker een soort mysterieuze en reeds bestaande harmonie tussen dit wezen en deze kerk" (Boek 4, Hoofdstuk III); "het was niet alleen zijn lichaam dat gevormd leek naar de kathedraal, maar ook zijn geest" (*ibid*). De klokken die hij luidt hebben hem doof gemaakt, maar hij houdt van ze alsof het zijn enige vrienden zijn.

"Gebocheld, met één oog, kreupel" (Hoofdstuk 9, Boek II), heeft zijn misvorming alleen maar haat tegen hem opgewekt en dat heeft hem kwaadaardig gemaakt. Zijn vijandigheid is dus niet aangeboren. Door de spot van de mensen in Parijs te ondergaan, heeft hij uiteindelijk een diep wantrouwen jegens de mensheid gekoesterd. Zijn hatelijkheid is dus een gevolg van die van anderen.

De enige mens van wie Quasimodo houdt is Claude Frollo, zijn adoptievader. Met Esmeralda ontdekt hij de hartstochtelijke liefde voor een vrouw. Zijn lelijkheid is nu des te pijnlijker: schoonheid trekt schoonheid aan en Esmeralda houdt van Phoebus.

Quasimodo is ook een allegorie voor mensen in hun oorspronkelijke staat.

## CLAUDE FROLLO

Claude Frollo, de aartsdiaken van Notre-Dame, was van jongs af aan voorbestemd voor een carrière als priester. Hij wijdde zich aan de wetenschap door zijn passies diep in zichzelf te onderdrukken. Als volwassene wordt gezegd dat hij "een priester was, sober, ernstig, zwaarmoedig" (Boek 4, hoofdstuk V), een geleerde met een trieste uitstraling.

Hij is niet de traditionele bedrieglijke en wrede schurk. Na de dood van zijn ouders zorgt hij alleen voor zijn broertje Jehan. Later krijgt hij medelijden met Quasimodo, die niemand anders wil, en adopteert hem.

De sluwheid van dit personage en al zijn slechtheid komt pas aan het licht wanneer hij Esmeralda ontmoet. Hij wordt verliefd op haar, maar "die liefde, die bron van elke deugd in de mens, veranderde in het hart van een priester in afschuwelijke dingen" (Boek 9, Hoofdstuk I). Zijn wrok is niet vanzelfsprekend; het is "verziekte liefde" (*ibid*). Esmeralda wekt in hem het gevoel van liefde dat hij zo lang had onderdrukt en Frollo openbaart zich door deze verstikking als afzichtelijk en vol zwakheden. Hij ziet Esmeralda als een lustobject.

## PHOEBUS DE CHÂTEAUPERS

Phoebus is een kapitein in het leger van de koning. Zijn naam betekent "zon", wat suggereert dat hij bijzonder knap is. Esmeralda wordt smoorverliefd op hem. Toch is hij verre van een aangenaam personage. Hij is een Casanova, een ladies' man. Verloofd met Fleur-de-Lys, ziet hij Esmeralda (wiens naam hij nooit te weten komt) slechts als een potentieel romantisch avontuur. Nadat hij door Frollo is neergestoken, laat hij het Roma-meisje in de steek en keert zonder aarzelen terug naar Fleur-de-Lys.

We zijn geneigd te zeggen dat deze drie mannelijke personages een weerspiegeling zijn van Hugo's persoonlijkheid: de verleidelijke kant, zoals Hugo vele veroveringen had (Phoebus), de deskundige kant, met een bijna ongezonde intelligentie (Frollo) en, tenslotte, de misvormde kant die zich bewust is van zijn handicaps (Quasimodo).

## ESMERALDA

Esmeralda is het Roma-meisje dat danst in de straten van Parijs. Ze wordt vergezeld door een optredende geit genaamd Djali.

In de romantische esthetiek worden gewoonlijk twee soorten vrouwelijke schoonheid onderscheiden:

• het karakter van de ingénue, naïef en puur, die de man opvoedt en beter maakt;

• het karakter van de femme fatale, geassocieerd met luxe en hel, die het verval van de man veroorzaakt.

Esmeralda belichaamt in zichzelf deze twee tegengestelde karakters:

- Enerzijds is Esmeralda pas 16 jaar oud en maagd. Ze is een onschuldig meisje dat niets van mannen weet en denkt dat ze echt verliefd is op Phoebus.

- Vanuit het oogpunt van Frollo is zij daarentegen een femme fatale, een verleiding, iets van de duivel dat van hem, een priester, een verdoemde ziel zal maken, veroordeeld tot de hel.

Quasimodo's liefde is puur en vroom. Het Roma meisje verpersoonlijkt voor hem een onbereikbaar ideaal.

Bovendien heeft Esmeralda het vermogen om de fundamentele aard van de drie mannen bloot te leggen. Ze werkt als een katalysator:

- Frollo onthult zijn zwakte;

- Phoebus laat zien dat hij een op uiterlijkheden gebouwd personage is, dat niet in staat is tot diepgaande gevoelens;

- Quasimodo laat zien dat hij geen monster is, maar een mens die in staat is tot de meest tedere liefde.

Het romantische web dat deze verschillende personages verbindt, vormt een soort liefdesvierkant en een driehoek (de stippellijn geeft de vader-kindverbinding aan) – lotsbestemmingen waarboven de Notre-Dame kathedraal blijft hangen, als een menselijke aanwezigheid.

## SECUNDAIRE PERSONAGES

- Gringoire, de dichter, is een enigszins belachelijk personage dat bedoeld is om de lezer te laten lachen om zijn blunders;

- Jehan Frollo is een ondeugende deugniet, een voorloper van Gavroche, een personage uit *Les Misérables* (1862), zoals *la Sachette* de lezer doet denken aan Fantine, die ook in dezelfde roman voorkomt;

- Louis XI wordt voorgesteld als een pragmatische en wrede koning.

# ANALYSE

## EEN VERDEDIGING VAN GOTISCHE ARCHITECTUUR

Tijdens de 19$^{th}$ eeuw werd Parijs onderworpen aan talrijke sloopwerken die het architecturale landschap grondig veranderden en het middeleeuwse erfgoed niet respecteerden. Hugo, als verdediger van goede doelen, komt in opstand tegen deze situatie en wil met *De gebochelde van de Notre Dame* respect opwekken voor het historisch erfgoed. We kunnen dus spreken van pittoreske architectuur.

- "Vanaf de oorsprong der dingen tot in de vijftiende eeuw […] is de architectuur het grote boek van de mensheid" (Boek 5, hoofdstuk II). Toen de mensen wilden schrijven, bouwden ze tempels, piramides, kathedralen en kerfden hun woorden in het steen.

- Maar na de uitvinding van de drukker in de 15$^{th}$ eeuw verlieten de mensen steen om op papier te schrijven, wat de langzame dood van de architectuur veroorzaakte ("de drukkunst zal de architectuur doden", boek 5, hoofdstuk II).

- Deze evolutie is volgens Hugo onomkeerbaar, vandaar de noodzaak om gotische gebouwen te behouden. Door de druk is de architectuur dood en zullen dergelijke meesterwerken nooit meer gemaakt worden.

# EEN FILOSOFIE VAN DE GESCHIEDENIS

Hugo zag de geschiedenis als een golf die zijn eigen logica, cycli en echo's bezat en waarin de mensheid voortschreed door het gezicht van de mensen. Daarom spreken we van zijn filosofie van de geschiedenis:

- De tweede helft van de 15$^{th}$ eeuw was een overgangsperiode in de geschiedenis. Het einde van het feodalisme, grote ontdekkingen en zelfs de boekdrukkunst markeerden de overgang van de Middeleeuwen naar de Renaissance (we mogen niet vergeten dat de handeling van *De Bochel van de Notre Dame* zich afspeelt in 1482). Deze overgang brengt onder meer de geleidelijke opkomst van de middenklasse met zich mee, een soort volkselite.

- In de Middeleeuwen bestond de samenleving uit drie orden of standen, namelijk: de adel, de geestelijkheid en de derde stand (in grote lijnen het volk).

- In *De klokkenluider van de Notre-Dame* symboliseert Phoebus de adel en Frollo de geestelijkheid. Quasimodo is het symbool van het oorspronkelijke volk, van de mensheid die zich langzaam heeft geëmancipeerd van de materie, die nog steeds monsterlijk is, maar die al iets gigantisch draagt en wordt opgeroepen om te groeien ("Men zou hem een reus hebben genoemd die gebroken was en slecht in elkaar gezet" Boek 1, Hoofdstuk V). Hij symboliseert het laagste volk.

- Tijdens Hugo's tijd, in 1830, vond de julirevolutie plaats in Frankrijk. Deze maakte een einde aan het bewind van Charles X en introduceerde de julimonarchie. Voor de romantische generatie belichaamde deze revolutie, voor een kort moment, de hoop op een gunstige historische overgang, naar het voorbeeld van die van de 15th eeuw. Hugo moet aan deze gebeurtenis hebben gedacht toen hij *De Bochel van de Notre Dame* schreef.

- De kathedraal Notre-Dame is architectonisch gezien een subtiele mengeling van romaanse en gotische stijlen. Zo symboliseert zij ook de overgang tussen twee tijdperken, tussen twee universums.

## EEN ROMAN OVER FATALITEIT

*De Bochel van de Notre Dame* is een roman over de fataliteit van de passie. Vanaf het moment dat Esmeralda plotseling verschijnt in het leven van respectievelijk Quasimodo en Phoebus, op wie zij verliefd wordt, begint er een keten van gebeurtenissen die niet meer te stoppen is. Het is eigenlijk fataal, want het leidt tot de dood van degenen die hebben liefgehad. Op het liefdesplein is Phoebus de enige die eruit komt, omdat hij niet aan de passie is onderworpen.

Bovendien is fataliteit het principe dat het verhaal beheerst. Het neemt de spelers mee en dwingt hen hun lot te vervullen. De respectieve sterfgevallen van Frollo, Quasimodo en Esmeralda zijn als spiegels op hun lot:

- Frollo valt van de top van de kathedraal, wat een teken is van zijn moreel verval;

- Quasimodo, die verscheen als een grimas, eindigt als stof;

- Esmeralda, de danseres, sterft in de galg en haar lichaam wordt rondgeblazen in de wind.

# HUGO'S STIJL

De stijl van Victor Hugo, in overeenstemming met die van Châteaubriand (Frans schrijver en politicus, 1768-1848), is een goed voorbeeld van de romantische stijl, ook al heeft Hugo dit etiket lang geweigerd.

## De mix van tonen

Terwijl de klassieke periode ($17^{th}$ -$18^{th}$ eeuw) de voorkeur gaf aan de scheiding van stijlen, hield de Romantiek ($19^{th}$ eeuw), als reactie, ervan verschillende tonen te vermengen. *De klokkenluider van de Notre-Dame is* zowel een passionele tragedie, een burleske komedie (Gringoire's humor maakt van hem een komisch personage) als een melodrama (zoals te zien is in Esmeralda's martelscène). Sommige scènes lijken op toneelteksten, andere op stukjes poëzie, de historische uitweidingen (Boek V) niet meegerekend.

## Overdaad

Als we een adjectief zouden moeten kiezen om Hugo's stijl te omschrijven, dan zou dat 'overdadig' zijn. De auteur is dol op:

- hyperbool (een stijlmiddel waarbij de gebruikte termen worden overdreven): bijvoeglijke naamwoorden als "verschrikkelijk" of "grandioos" komen vaak voor;

- oxymora (een stijlfiguur die het mogelijk maakt tegengestelde termen met elkaar te verbinden): "U bezit de knapste lelijkheid die ik ooit in mijn leven heb gezien" (Boek 1, hoofdstuk V).

- dwingende zinnen: "Onze vaders hadden een Parijs van steen; onze zonen zullen er een van gips hebben" (Boek 3, Hoofdstuk III).

Hugo's stijl is hoogdravend, hartstochtelijk en vol nadruk (overdrijving).

Victor Hugo is ook de almachtige verteller. Hij sluit zich namelijk voortdurend aan bij zijn lezer om commentaar te leveren: "Wij kunnen onze lezers verzekeren dat schuchterheid noch de deugd van de kapitein, noch zijn gebrek was" (Boek 7, Hoofdstuk I). De verteller gedraagt zich als een leraar tegenover de lezer, neemt hem bij de hand en leidt hem letterlijk door de wendingen van zijn plot.

# DE MYTHE VAN *DE BOCHEL VAN DE NOTRE DAME*

De geschiedenis van de literatuur is bezaaid met mythen. Een mythe is, tegelijkertijd:

- een verhaal dat verzonnen is, maar voor waarheid wordt aangenomen;

- een verhaal over oorsprong;

- een verhaal dat concrete problemen symbolisch weergeeft (zoals de mythe van Adam en Eva).

Op deze manier kan *De klokkenluider van de Notre-Dame beschouwd* worden als een mythe:

- Aan de ene kant presenteert Hugo een verzonnen verhaal als echt gebeurd, in de Notre-Dame in 1482 ("Driehonderdachtenveertig jaar, zes maanden en negentien dagen geleden werden de Parijzenaars wakker met het geluid van alle klokken […] die luidden", boek 1, hoofdstuk I);

- Als we daarentegen naar Quasimodo kijken, is *De klokkenluider van de Notre-Dame* het verhaal van de oorsprong van het volk, nog slecht gevormd maar al vol leven;

- thTenslotte symboliseert het verhaal via de personages Phoebus, Frollo en Quasimodo alle sociale spanningen en veranderingen die in de 15e eeuw spelen.

Dit mechanisme van mythologisering is dus aanwezig in de roman, zoals in bijna alle werken van Victor Hugo.

# VERDERE REFLECTIE

## ENKELE VRAGEN OM OVER NA TE DENKEN...

- Esmeralda belichaamt tegelijkertijd twee soorten schoonheid die de romantici hebben geïnspireerd. Welke zijn dat?

- Op welke manier voorspelt deze roman *Les Misérables*?

- Leg het verband uit dat Hugo legt tussen architectuur en drukkunst.

- Hoe symboliseert Quasimodo het volk?

- *De klokkenluider van de Notre-Dame* presenteert de overgang tussen twee tijdperken. Leg dit eens uit.

- *De klokkenluider van de Notre-Dame* combineert verschillende genres. Welke? Is dit typerend voor Victor Hugo? Antwoord door te kijken naar zijn andere werken.

- Hoe zou je de houding van de verteller beschrijven? Ken je andere werken die dit type verteller hebben?

- Waarom kunnen we zeggen dat *De klokkenluider van de Notre-Dame* een mythe is? Geldt dit ook voor Hugo's andere werken? Motiveer je antwoord.

- Waarom denkt u dat dit werk zo succesvol is geweest en tot bewerkingen in alle genres heeft geleid?

- Wat zijn de constanten die in alle werken van Hugo te vinden zijn?

# VERDER LEZEN

## REFERENTIE-UITGAVE

Hugo, V. (2012) *The Hunchback of Notre-Dame*. Trans. Hapgood, I. F. Londen: e-artnow.

## AANPASSINGEN

*De Bochel van de Notre Dame* heeft geleid tot vele verfilmingen. Deze lijst beperkt zich tot drie ervan.

*The Hunchback of Notre-Dame*. (1956) [Film]. Jean Delannoy. Dir. Frankrijk: Panitalia. Deze bewerking staat het dichtst bij de oorspronkelijke plot. Het scenario werd geschreven door de dichter Jacques Prévert.

*The Hunchback of Notre-Dame*. (1996) [Animatiefilm]. Gary Trousdale. Dir. USA: Walt Disney Pictures. Dit is een zeer vrije bewerking van de roman.

*Notre-Dame de Paris*. (1997) [Muzikale komedie]. Tekst: Luc Palondon/Will Jennings. Muziek: Riccardo Cocciante. De komedie actualiseert Hugo's sociale boodschap voor de 20th eeuw: de dieven van de Cours des Miracles zijn nu illegale immigranten die asiel zoeken. Deze bewerking is vrij trouw aan het origineel.

*We horen graag van jou! Laat
een reactie achter op jouw online bibliotheek
en deel je favoriete boeken op social media!*

## Waarom kiezen voor Must Read?

Kom alles te weten over een boek met onze beknopte en diepgaande samenvattingen en analyses!

**Ontdek het beste uit de literatuur in een compleet nieuw licht!**

De uitgever garandeert de betrouwbaarheid van de gepubliceerde informatie, die echter niet onder zijn verantwoordelijkheid valt.

www.50minutes.com

Master ISBN: 9782808688192
Papier ISBN: 9782808699594
Wettelijk depot: D/2023/12603/1239

Omslag: © Primento

Digitaal ontwerp: Primento, de digitale partner van uitgevers.